# LA

# BANQUE DE FRANCE

## ET LA

# BANQUE DE SAVOIE

### DEVANT L'INTÉRÊT PUBLIC

PARIS

IMPRIMERIE ADMINISTRATIVE DE PAUL DUPONT

Rue de Grenelle-Saint-Honoré, 45

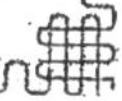

1863

# LA
# BANQUE DE FRANCE

ET LA

# BANQUE DE SAVOIE

## DEVANT L'INTÉRÊT PUBLIC.

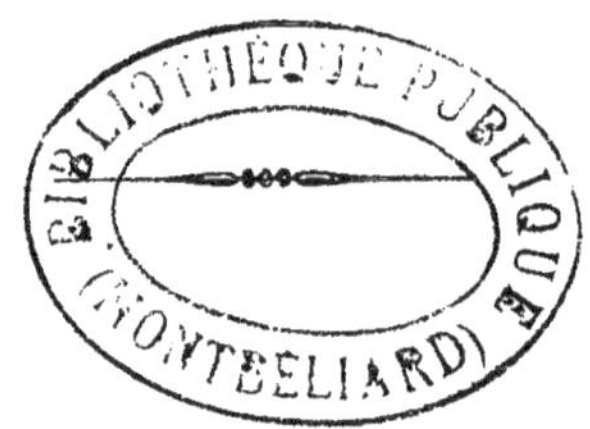


PARIS,

IMPRIMERIE ET LIBRAIRIE ADMINISTRATIVES DE PAUL DUPONT,

Rue de Grenelle-Saint-Honoré, 45.

1863

# LA BANQUE DE FRANCE

ET

# LA BANQUE DE SAVOIE

## DEVANT L'INTÉRÊT PUBLIC.

Depuis quinze jours, on a beaucoup parlé, on a beaucoup écrit sur la Banque de Savoie, sur la possibilité ou l'impossibilité de son existence en face du privilége de la Banque de France.

La question a été par conséquent très-agitée déjà, mais elle est loin de se trouver résolue. On peut même dire que jusqu'ici elle n'a vraiment pas été traitée à son point de vue sérieux et pratique. On s'est borné à l'envisager de son petit côté, du côté des personnes et de la lutte qu'on veut prévoir entre des influences rivales.

En Angleterre, il est vrai, dans ce pays où les questions économiques sont appréciées et traitées à leur juste valeur, quelques journaux, et entre autres l'*Economist,* ont fait ressortir l'importance capitale d'un fait qui, venant battre en brèche le monopole omnipotent de la Banque de France, pouvait, devait même avoir pour résultat de faire entrer enfin la France dans une voie plus large en fait de liberté des banques, dans cette voie que la Grande-Bretagne et les Etats-Unis parcourent depuis si longtemps et avec tant de succès pour le développement de leur commerce et de leur industrie.

Suivons donc l'exemple de nos émules d'outre-Manche. Elevons le débat à la hauteur qui lui convient, et, laissant de côté toute mesquine considération d'intérêt privé, examinons froidement, impartialement, ce que permet la loi, ce qu'ordonne l'intérêt public.

La question légale nous paraît simple et claire. Aux termes du traité d'annexion qui a réuni la Savoie à la France, la Banque de Savoie jouit, sous le régime français, de tous les droits et priviléges dont elle était dotée par la loi sarde, c'est-à-dire qu'elle se trouve aujourd'hui en face de la Banque de France dans une situation absolument identique à celle où elle était en présence de la Banque du Piémont, qui remplit, chez nos voisins, l'office accompli chez nous par la Banque de France.

Nous croyons inutile d'insister sur cette question de légalité, car il ne peut plus rester de doute à ce sujet après le lumineux mémoire de M. Dufaure et après l'arrêt si concluant rendu par la Cour de Cassation le 7 juillet 1862 et dans lequel se trouve le considérant suivant :

« Attendu que le décret impérial des 11-12 juin 1860,

« portant promulgation du traité relatif à la réunion de la
« Savoie à la France n'a pas d'effct rétroactif; que le chan-
« gement de souveraineté qui s'est accompli par ce traité
« *n'a porté aucune atteinte aux droits privés antérieurement*
« *acquis*, et qu'il a eu seulement pour effet de soumettre
« l'exercice de ces droits à la juridiction française, qui
« devra les apprécier et les juger *conformément aux lois*
« *sous l'empire desquelles ils ont pris naissance.* »

En présence d'un texte aussi formel, il ne s'agit plus,
*dans l'espèce,* que de savoir si les dernières résolutions
prises à la presque unanimité par la Banque de Savoie dans
son assemblée générale régulièrement constituée, sont con-
formes à l'esprit et à la lettre des lois *sous l'empire desquelles*
*elle a pris naissance.*

Or, comment en douter alors que cette Banque n'a fait
que se conformer absolument, dans cette dernière circonstance, aux précédents déjà pratiqués par elle, à plusieurs
reprises, avec le complet assentiment du gouvernement sous
lequel elle avait pris naissance ?

On le sait, en effet, ce n'est pas la première fois que la
Banque de Savoie augmente son capital, qui n'était primiti-
vement que de 800,000 francs, et qui, par des élévations
successives, a été porté à quatre millions.

Eh bien ! la Banque de Savoie a très-cxactement suivi,
dans sa réunion du 4 octobre, les errements et les forma-
lités qu'elle avait mis en pratique antérieurement, et dont

l'application lui avait été recommandée par le gouvernement même qui avait dicté ses statuts. Cette fois donc, par
conséquent, le gouvernement italien n'aurait pu songer à
critiquer, sous un prétexte quelconque, l'œuvre de l'Assemblée générale, et le gouvernement cessionnaire ne pourrait, sous peine d'illégalité flagrante, agir autrement que
l'aurait fait son cédant.

Mais ici va se présenter, nous nous y attendons bien, cette
grosse objection que la situation n'est pas identique ; que
la Banque de Piémont n'a pas de privilége exclusif, tandis
que la Banque de France jouit d'un monopole qui interdit
à tout autre qu'à elle le droit d'émettre des billets en
France, etc., etc.

Cette base d'argumentation, qui paraît si formidable au
premier abord, ne nous effraie nullement, car il n'y a là
encore qu'un fantôme grossi par l'obscurité, et qui s'évanouit
dès que la lumière se fait.

D'abord, il ne faut pas oublier que la Banque de France
elle-même a reconnu les droits de la Banque de Savoie,
puisqu'elle est entrée en négociation avec elle et qu'elle est
allée jusqu'à lui offrir le rachat de son droit d'émission.

De plus, il nous semble facile de démontrer que, lors même
que le privilége de la Banque de France serait aussi exclusif
qu'on le prétend, il serait impuissant devant la situation
que la Banque de Savoie tient de sa constitution première
et des droits que lui donne le traité d'annexion déjà cité. On
pourrait très-victorieusement répondre aux avocats de la
Banque de France que le privilége exclusif qu'on lui

attribue en France ne lui donne aucun droit sur des régions nouvellement ajoutées à ce territoire ; que, dès lors, rien ne saurait limiter l'extension de la circulation que pourraient prendre les billets émis par la Banque de Savoie ; que, de plus, l'annexion a créé ou peut créer des intérêts, des besoins nouveaux qui ne permettraient plus le maintien d'un monopole qui, s'il existait réellement, aurait été consenti dans des conditions tout à fait différentes, etc. Nous croyons, enfin, que, même sur ce terrain, les prétentions de la Banque de France seraient déclarées inadmissibles, et qu'aucun magistrat, en France, ne saurait admettre ses conclusions.

Que dire donc, alors, si cette objection, la seule qu'on puisse invoquer contre le maintien de la Banque de Savoie, n'existe même pas, si ce prétendu monopole du haut duquel on prétend dédaigneusement écarter toute autre banque d'émission ne se trouve dans aucune loi, n'est consacré par aucun décret ?...

Eh bien ! telle est la vérité cependant... Qu'on relise avec soin, comme nous l'avons fait nous-même, toutes les lois, tous les statuts qui régissent la Banque de France depuis sa loi constitutive jusqu'à celle du 9 juin 1857, et l'on n'y trouvera aucun article qui assure à la Banque un privilége exclusif en France.

En effet, depuis la loi qui a institué la Banque de France et réglé ses attributions, toutes les lois, tous les décrets qui sont survenus , se sont bornés à apporter certaines modifications, certaines additions aux statuts primitifs ; mais, pour ce qui concerne les principes fondamentaux, ils n'ont amais fait autre chose que *viser* la loi originaire.

Or, il n'est pas besoin d'entrer dans de longues explications pour prouver que la loi de germinal, non plus que celles qui l'ont suivie, n'ont jamais songé à créer une Banque *unique* en France. Il suffit de rappeler que, sous l'empire de ces lois, des banques départementales ont pu s'établir et fonctionner à Bordeaux, Nantes, Rouen, Lyon, le Havre, Lille, Toulouse, Orléans et Marseille.

Quant au décret du gouvernement provisoire, en date du 27 avril 1848, qui a opéré la fusion des banques départementales avec la Banque de France, — décret, disons-le en passant, qui a été rendu au moment où les nécessités extrêmes de la situation avaient exigé le cours *forcé*, — il a bien proclamé la nécesssité de l'unité du billet de banque *dans un moment où ce billet était déclaré monnaie légale ;* mais, dans aucun de ses articles, dans aucun de ses considérants, il n'a mentionné l'inviolabilité de cette décision, qui n'était, au contraire, représentée par lui que comme nécessitée par les circonstances extrêmes de la situation ; nulle part, enfin, il n'a consacré ce droit *d'unité* dont se prétend investie aujourd'hui la Banque de France.

Quant à la dernière loi du 9 juin 1857, elle n'a *malheureusement* apporté d'autre modification à la constitution de la Banque de France que celle de la prorogation de son privilége pour 30 ans, moyennant l'acquisition, par cet établissement, de 100 millions de rente 3 0/0 au cours de 75 francs, et moyennant aussi la terrible faculté d'élever indéfiniment le taux de son escompte, c'est-à-dire de faire impunément ce que le législateur appelle *usure* et ce qu'il punit comme ᴅᴇʟɪᴛ de la part de tout autre que de la Banque de France.

On le voit donc, jamais le Gouvernement n'a concédé à la Banque de France le monopole qu'elle s'arroge et que le public mal informé lui a facilement consenti jusqu'ici ; et ainsi tombe la seule objection qu'on pourrait opposer, avec quelque apparence de raison, à l'existence de la Banque de Savoie, si complétement légitimée d'ailleurs à d'autres titres.

La question de légalité se trouvant ainsi hors de toute contestation, abordons la question d'utilité publique, et voyons si, de ce côté, la Banque de France est plus solidement établie que sur le terrain légal.

Sans aucun doute, le monopole de fait de la Banque de France pourrait être maintenu, bien qu'il ne soit pas consacré par la loi, si ce monopole présentait de grands avantages pour les intérêts financiers, industriels, commerciaux et agricoles du pays, si sa cessation devait porter un coup funeste à la fortune publique comme aux fortunes privées.

Mais, hélas ! c'est le contraire qui est vrai. La Banque de France, nous l'avons vu, est encore régie par ses statuts primitifs. Les rares modifications qu'elle a reçues depuis cette époque n'ont presque rien changé à sa constitution première. Elles n'ont guère eu d'autre résultat que d'aggraver encore les dangers résultant de certaines dispositions restrictives de ses statuts et de son omnipotence sur la réglementation du taux de l'escompte et la distribution du crédit, de telle sorte que ce grand établissement est resté superbe et immobile, comme le dieu Terme, au milieu du mouvement merveilleux qui, depuis un demi-siècle, a changé la face économique du monde moderne, de ce monde qui a vu naître et se développer la vapeur, le railway, l'électricité, le libre-échange, etc.

Nous ne ferons pas de chiffres ici pour établir la diffférence qui existe entre la France financière, commerciale et industrielle de 1808 et la France de 1863.

Cette étude comparative, qui nous mènerait trop loin, est d'ailleurs superflue ; elle est complétement inutile pour la défense de notre cause, car ils sont nombreux et éloquents les faits qui prouvent que la Banque de France, avec sa constitution et ses habitudes arriérées, est malheureusement insuffisante à rendre les services multiples que le monde industriel et commercial est aujourd'hui en droit d'exiger d'un grand établissement de crédit.

En effet, dans ce moment même, que se passe-t-il ? La Banque de France, — qui, du reste, commet la même faute chaque année, — a laissé diminuer son encaisse métallique dans une proportion telle que, pour protéger ce qui lui reste, elle a dû recourir à son spécifique ordinaire et périodique, qui est l'élévation de l'escompte.

Eh bien ! ce double fait peut suffire, en dehors de bien d'autres, à prouver à la fois l'insuffisance des ressources dont la Banque est disposée à faire usage, les erreurs de la doctrine financière qui préside à sa gestion, et les dangers nombreux que cet ensemble de causes funestes fait courir à la fortune publique.

Tout se tient, tout s'enchaîne, ici comme partout.

Si la Banque de France n'avait pas son capital immobilisé en rentes ; si elle le tenait disponible aux moments où il deviendrait nécessaire, elle pourrait remplir facilement le mandat qui incombe à un établissement de crédit chargé de la direction absolue du marché monétaire de la France entière ; et, dans un pays où circule une masse de métaux précieux qu'on peut évaluer à cinq milliards environ, rien ne serait plus facile que d'avoir toujours une réserve métallique suffisante pour faire face aux demandes supplémentaires de numéraire qui se produisent régulièrement, chaque année, à certaines époques, et particulièrement pendant les mois d'octobre et de novembre.

Mais, pour être en mesure d'obtenir sûrement et utilement ces résultats, il faudrait que la Banque eût vendu ses rentes, de manière à pouvoir toujours, avec ses propres capitaux rendus disponibles, se procurer le numéraire suffisant pour faire face aux demandes extraordinaires qui viennent à se produire.

C'est ce que font tous les négociants qui, ayant des engagements à remplir, réalisent de l'argent avec les valeurs qu'ils peuvent avoir en portefeuille. Or c'est précisément ce que la Banque ne veut pas faire, parce que, préoccupée avant tout de ses dividendes et de ses actionnaires, elle

trouve plus commode et surtout plus lucratif d'user de son
omnipotence pour défendre son encaisse par l'élévation de
son escompte, au prix de la gêne que cette élévation entraîne
pour le commerce, du trouble profond qu'elle apporte
sur le marché des fonds publics; parce que, de cette façon,
elle jouit du revenu de ses rentes, en même temps qu'elle
touche un loyer plus élevé de l'argent qu'elle prête au commerce.

On pourrait croire, cependant, que la Banque éprouve des
regrets de la gêne dont ses mesures sont la cause dans le
commerce; on pourrait croire qu'elle gémit des ruines qui
les suivent? Nullement; imbue de l'idée surannée de la *ba-
lance du commerce*, dont tous les économistes ont fait justice,
elle s'arroge le droit d'imposer à l'industrie, par ses restric-
tions calculées, l'obligation de diminuer sa production et de
vendre, même à perte, les marchandises déjà fabriquées,
afin de faire rentrer de l'*argent* en France, sans songer
que la France en est abondamment pourvue, et que c'est
la Banque qui n'emploie pas les véritables moyens de le
faire entrer dans ses caisses, tout vulgaires que soient ces
moyens.

Ces mesures sont fausses comme la doctrine qui les inspire.

Quant à leur efficacité pour empêcher la sortie de l'argent,
elle est complétement nulle.

Dans la situation actuelle, par exemple, d'où vient la
demande extraordinaire de numéraire qui paraît avoir jeté
l'effroi dans le conseil de la Banque? Elle vient, d'abord des

besoins de la récolte, des salaires qu'elle nécessite, des achats nombreux qui la suivent ; elle vient ensuite des achats de soies en Italie, et surtout de la nécessité de payer à l'Egypte les quantités considérables de coton que nous lui avons achetées, et en échange desquelles elle n'a, pour le moment, rien autre chose à nous demander que de l'argent.

Or, il est clair comme le jour que le taux auquel la Banque de France escomptera ne modifiera en rien cette situation, et que le commerçant, qui doit payer son coton avec de l'argent, devra forcément se procurer cet argent dont il a besoin, quel que soit le prix auquel il devra le payer ; l'élévation de l'escompte ne lui fera pas demander un sou de moins.

Tout au plus, cette élévation aura-t-elle pour résultat de diminuer les demandes d'argent à la *Banque même*, parce que tous les négociants dont le crédit sera assez bien établi pour en trouver, en dehors d'elle, à un taux d'escompte inférieur, ne manqueront pas d'user de cette faculté, la Banque ne restant alors qu'en face de clients de second ordre, ce qui n'est pas très-digne d'un établissement aussi important.

Mais, de ce que le numéraire ne sera pas retiré des caisses mêmes de la banque, il n'en sortira pas moins pour aller payer le coton, et il rentrera d'autant moins vite en France que le surenchérissement du loyer de l'argent, en forçant au chômage un certain nombre d'industries, diminuera la production nationale, et arrêtera par conséquent l'exportation de marchandises en échange desquelles l'étranger nous rendrait aussitôt une partie de l'argent que nous lui aurions envoyé.

C'est ainsi que les choses se passent ordinairement : l'argent n'agit que comme solde, et il donne lieu, à ce titre, à un mouvement perpétuel de va-et-vient. C'est un intermédiaire qui, étant universellement accepté, agit provisoirement pour tenir lieu des échanges réels de marchandises entre les nations : et ces échanges se balancent ordinairement de telle façon que, sauf ce qui a lieu dans les pays producteurs d'or ou d'argent, les sorties de numéraire de chaque contrée sont, en définitive, très-faibles au bout d'un certain temps.

On le voit donc, la Banque de France fait complétement fausse route dans cette circonstance.

Par l'élévation de l'escompte elle cause un préjudice incontestable à tous les intérêts, sans compensation aucune pour personne, pas même pour elle en définitive, car, si elle perçoit un intérêt plus élevé sur les sommes qu'elle escompte, une partie importante de la matière escomptable, et la plus sûre, lui échappe afin de ne pas subir ses conditions draconiennes.

Au moment même où nous écrivons, par exemple, et, pendant que la Banque prend 5 p. 0/0 à ses clients, le meilleur papier de Paris se négocie couramment à 4 p. 0/0 ; de telle sorte qu'il est vraisemblable que, tout compte fait, la Banque perd peut-être d'un côté à l'élévation de l'escompte ce qu'elle y gagne de l'autre. Ce qu'il y a de certain, c'est que tout le monde y perd, et que dès lors il est nécessaire de mettre au plus tôt un terme à cet état de choses.

Si nous avons autant insisté sur cette question, c'est qu'elle nous paraît résumer à merveille tous les inconvénients généraux et particuliers que présente le monopole de la Banque de France. D'un côté, ressort le danger monstrueux pour l'intérêt du public de cette faculté souveraine et sans appel que possède un établissement unique de surélever brusquement le loyer de l'argent et de bouleverser ainsi toutes les conditions du travail général ; de l'autre, se fait voir l'impéritie financière de ces dominateurs exclusifs du crédit qui, après avoir omis de prendre des précautions, — pourtant bien faciles — pour tenir toujours en caisse le numéraire correspondant aux besoins de la demande, ne remédient au mal qu'ils ont créé eux-mêmes que par des expédients qui aggravent la situation, au lieu de l'améliorer.

En vérité, en présence de ces résultats et de tant d'autres de même nature qu'il serait trop long d'énumérer, on se demande comment la Banque de France a pu traverser toutes les révolutions qui ont bouleversé la France depuis cinquante ans, non-seulement sans rien perdre de sa puissance, mais encore en trouvant le moyen d'obtenir des divers régimes qui se sont succédé des immunités nouvelles, qui ont eu pour résultat d'accroître encore son autocratie.

A cette question il n'est qu'une réponse, c'est que c'est la force et l'étendue même de ce monopole qui l'ont toujours protégé, qui le protègent encore aujourd'hui.

Il est tel qu'il s'impose à tout le monde. Les gouvernements eux-mêmes ont dû bien souvent le reconnaître et s'incliner devant lui. Et les particuliers, comment oseraient-ils résister alors que la Banque dispose absolument de leur crédit, et par conséquent de leur fortune, de leur honneur, alors qu'elle peut,—et les exemples sont nombreux,—ébranler, sinon renverser, toutes les situations financières, par ce fait seul qu'elle les aurait signalées douteuses ?

Frappé depuis longtemps des dangers de cet état de choses, dont nous cherchions en vainle remède, nous avons senti l'espoir renaître en nous quand nous avons appris l'existence de la Banque de Savoie, et nous ne comprendrions pas que le gouvernement et le public tout entier ne partageassent pas le sentiment d'allégement que l'apparition de cette institution nouvelle nous fait éprouver.

Oui, c'est le cas de dire, en répétant un mot célèbre, que, si la Banque de Savoie n'existait pas, il faudrait l'inventer.

Mais, Dieu merci ! elle existe ; elle a une excellente constitution qui lui promet de longs jours, qui lui permet de bons et fructueux labeurs.

Ses statuts, quoique plus larges et plus libéraux que ceux de la Banque de France, renferment aussi plus d'une clause restrictive. Mais cela nous inquiète peu , convaincu que nous sommes que, dans les mains qui se trouvent chargées de sa direction, la Banque de Savoie deviendra promptement aussi utile, aussi perfectionnée que peut l'être un établissement de cette nature. Personne, même dans ce temps de progrès économique, n'a mieux compris que **MM**. Pereire la véritable importance du crédit et les vrais moyens de le développer.

Mieux que personne, ils savent l'importance des services que les banques peuvent rendre à la fortune publique, en accroissant, par l'intervention de la monnaie fiduciaire, le capital roulant d'un pays, en améliorant ainsi les conditions du loyer des capitaux, et en rendant possibles des travaux considérables, dont l'exécution ne pourrait avoir lieu sans le concours du *crédit à bon marché.*

Dans ces genres d'opérations, les grands économistes dont nous parlons ont fait leurs preuves. Ils les font encore tous les jours, et avec eux on n'a pas à craindre le renchérissement anormal des capitaux, car leurs travaux, déjà si nombreux et si importants, ont eu généralement pour but et pour résultat l'abaissement du taux de l'argent, et, par une conséquence naturelle, l'élévation des salaires, cet autre bienfait d'un régime économique bien entendu.

L'apparition de la Banque de Savoie, dans les conditions et dans le moment où elle se présente, doit donc être considérée, par quiconque s'intéresse au progrès financier de notre pays, comme une bonne fortune inespérée ; et il faut vraiment que l'espèce de fétichisme qu'inspire la Banque de France soit encore bien général et bien puissant pour qu'il se rencontre tant de gens émus d'une terreur superstitieuse à la seule pensée qu'un établissement nouveau peut s'élever à côté de l'arche sainte.

Et pourtant il faut que cela soit.

Lors même que la Banque de France élargirait ses statuts, lors même qu'un esprit plus libéral viendrait à présider à sa direction et à son administration, il y aurait encore un danger considérable, en présence de l'énorme mouvement financier, industriel et commercial qui se développe en France, à laisser toutes les forces du crédit concentrées dans un même établissement.

Mais ce danger devient mortel pour la vie économique de ce pays avec l'esprit étroit et restrictif qui a dicté les statuts de la Banque de France et qui continue d'animer son administration.

Avec ce système, en effet, la Banque de France ne rend de services qu'à une classe très-limitée de commerçants et d'industriels, la très-grande majorite des travailleurs se trouvant exclue des bienfaits du crédit.

En un mot, et pour nous servir d'une comparaison politique, la Banque de France, telle qu'elle est constituée et administrée aujourd'hui, représente l'ancien corps électoral, avec le cens à 200 francs.

Aussi cet anachronisme doit-il cesser. Il est temps qu'en finances aussi nous élargissions nos bases et que nous jouissions d'institutions qui généralisent et vulgarisent le crédit de manière à faire descendre son influence bienfaisante jusque dans les régions les plus infimes du corps social, ainsi que cela a déjà lieu, du reste, en Allemagne même, où des établisements de crédit mutuel, présentant beaucoup plus de garanties que des individus isolés, fonctionnent avec un plein succès et au grand profit des classes ouvrières (1).

Les plus arriérés doivent en prendre leur parti ; le règne du monopole est passé.

La légalité permet l'existence de la Banque de Savoie. L'intérêt public demande son prompt et complet fonctionnement.

Et que les avocats de la Banque de France ne viennent plus parler de coups d'État financiers, d'expropriation pour cause d'utilité publique, etc.; car, en considérant la situation des deux établissements qui sont en présence, en appréciant la valeur respective des services qu'ils peuvent être appelés à rendre, on pourrait bien se dire que, si la nécessité publique exigeait un acte arbitraire et illégal, ce qu'à Dieu ne plaise, c'est l'établissement qui représente le passé qu'il faudrait frapper et non la jeune institution qui promet un avenir heureux et fécond.

Mais non ! pas de suppression, pas de lutte. Le mouvement d'affaires qui s'est développé en France depuis quinze ans, et qui tend à s'accroître encore tous les jours, est assez considérable pour assurer une bonne et fructueuse existence à deux, et même à plusieurs grands établissements de crédit.

Le champ est immense. Les opérations sont multiples et

---

(1) Voir un article du *Journal des Débats* du 14 octobre sur les Banques populaires en Allemagne.

variées. Que la Banque de France se résigne donc ! Qu'elle cesse de demander au Gouvernement un acte de flagrante illégalité pour conserver en France un monopole que la loi ne lui a jamais reconnu. Au lieu de s'engager dans un conflit désastreux pour tout le monde, qu'elle s'entende avec sa jeune émule, pour régler avec elle la distribution des opérations qui peuvent plus spécialement convenir à chacune des deux banques; de cette fusion d'efforts, de cette entente entre le capital et les intelligences, il devra résulter une action forte et puissante, qui sera fructueuse pour tout le monde, et qui, — c'est là le point capital, — permettra de donner la plus irrésistible impulsion à toutes les forces productives de la France moderne.

Paris, le 22 octobre 1863.

PARIS, IMP. PAUL DUPONT, RUE DE GRENELLE-SAINT-HONORÉ, 45.

PARIS. IMP. PAUL DUPONT, RUE DE GRENELLE-SAINT-HONORÉ, 45.